Watch It Grow

by Craig Hammersmith

Content and Reading Adviser: Joan Stewart
Educational Consultant/Literacy Specialist
New York Public Schools

Spyglass
BOOKS

COMPASS POINT BOOKS

Minneapolis, Minnesota

Compass Point Books
3722 West 50th Street, #115
Minneapolis, MN 55410

Visit Compass Point Books on the Internet at *www.compasspointbooks.com*
or e-mail your request to *custserv@compasspointbooks.com*

Photographs ©:
PhotoDisc, cover; Corbis, 4, 5; Two Coyote Studios/Mary Walker Foley, 6, 7, 9, 10, 11, 13, 15; PhotoDisc, 16, 17, 19; Two Coyote Studios/Mary Walker Foley, 20, 21.

Project Manager: Rebecca Weber McEwen
Editor: Jennifer Waters
Photo Researcher: Jennifer Waters
Photo Selectors: Rebecca Weber McEwen and Jennifer Waters
Designer: Mary Walker Foley

Library of Congress Cataloging-in-Publication Data

Hammersmith, Craig.
  Watch it grow / by Craig Hammersmith.
    p. cm. -- (Spyglass books)
Includes bibliographical references (p.   ).
  ISBN 0-7565-0246-2 (hardcover)
 1. Growth (Plants)--Juvenile literature. 2.
Plants--Development--Juvenile literature. [1. Growth (Plants) 2. Plants.
3. Plant life cycles.] I. Title. II. Series.
  QK731 .H28 2002
  571.8'2--dc21
                        2001007338

13468

Contents

Plants, Plants, Plants! 4

Plant Parts 6

More Plant Parts......................8

Pollen Takes a Flight 10

The Magic of Seeds 12

Seeds on the Move 14

From Seed to Seedling 16

Here We Grow! 18

Grow Your Own Seedlings!............20

Glossary 22

Learn More.............................23

Index 24

Plants, Plants, Plants!

Plants are everywhere!
Look around. Maybe you see flowers and grasses.
If it's winter, you might see some bare trees and bushes.
All of these are plants.

Trees in winter

Trees in summer

Plant Parts

A flower is a plant.
Have you ever looked closely
at a flower?
All flowers have
petals, a stem,
and leaves.

Petals

Stem

Leaves

Many flowers smell good. This *attracts* birds and insects.

More Plant Parts

In the very middle of
a flower, you can find
a yellow powder.
This powder is called **pollen**.
Pollen helps the plant make
new flowers.

Did You Know?

Some pollen is spread by the wind.
The wind carries it through the air
just like dust and dirt.

Pollen

Pollen Takes a Flight

Insects and some birds
eat flower **nectar**.
Pollen sticks to the animals
as they get the nectar.
They carry this pollen
to other flowers.

Bee in a cactus flower

Hummingbird eating flower nectar

The Magic of Seeds

When pollen falls off an insect onto a plant, that plant starts to grow a seed.

Some plants have seeds that grow in the middle of a juicy piece of fruit. Other plants have seeds that grow as a nut or grain.

Apple seeds

Sometimes you can see the tiny plants that were growing inside a split-open peanut.

Seeds on the Move

When seeds are fully grown,
they leave the plant.
Some fall off the plant
and stay where they land.

Some seeds, such as
dandelion seeds,
are carried by the wind.
Some seeds float on water.

Dandelion seeds

15

From Seed to Seedling

Once a seed lands, it needs the right conditions to grow.

Seeds usually start to grow in the spring. This is when there is enough sunlight, warm air, and rain for the seed to take root.

Grass *seedlings*

Pine tree seedling

Here We Grow!

Plants cannot grow without sunlight. Plants turn the *energy* from sunlight into food that helps them grow.

When plants are fully grown, they make pollen.
The plant-making *cycle* starts all over again.

There are hundreds of seeds in
the middle of the sunflower. Someday,
these will grow into new sunflowers.

Grow Your Own Seedlings!

You will need:
- seeds
- potting soil
- water
- a pot with a *drainage hole*

1. Pour in potting soil.

2. Water the soil.

3. Poke holes in the soil.

4. Plant one seed in each hole.

5. Put your pot in a sunny place.

6. Water the seeds.

7. Watch your seeds grow!

Glossary

attract—to make something want to come near

cycle—something that happens over and over again, the same way

drainage hole—something that lets water flow out of a pot

energy—a force that gives something the power to grow or move

nectar—a sticky, sweet liquid made by flowers

pollen—a fine yellow powder that plants make, and that spreads to other plants to make new seeds

seedling—a young plant grown from a seed

Learn More

Books

Mockford, Caroline. *What's This?* New York: Barefoot Books, 2000.

Shelf Medearis, Angela. *Seeds Grow!* Illustrated by Jill Dubin. New York: Scholastic, 1999.

Worth, Bonnie. *Oh Say Can You Seed? All about Flowering Plants.* Illustrated by Aristides Ruiz. New York: Random House, 2001.

Web Sites

Brain Pop
www.brainpop.com/science/seeall.weml (click on "pollination")

Cool Science
www.hhmi.org/coolscience/vegquiz/ plantparts.html

23

Index

bee, 10

dandelion seeds, 14, 15

flower, 4, 6, 7, 8, 10, 11

grass, 4

hummingbird, 11

nectar, 10, 11

pollen, 8, 9, 10, 12, 18

seedling, 16, 17

sunflower, 19

tree, 4, 5, 17

GR: H
Word Count: 243

From Craig Hammersmith

I like to camp in the mountains near my Colorado home. I always bring a good book and a flashlight so I can read in the tent!

MONTESSORI

儿童智能发展参照表

阶段 能区	第一阶段	第二阶段	第三阶段	第四阶段	第五阶段	第六阶段
大动作	平衡感逐渐增强，能走直线，能短时间地单脚站立。	四肢的肌肉更结实了，喜欢骑三轮脚踏车，能投掷沙包。	方向感和协作能力有所增强，能与同龄儿童玩传球。	胆量变大，能与同龄儿童赛跑。	体能快速提升，能参与更激烈的运动，如学踢足球。	能做一些有技巧的运动，如在大人的保护下练习游泳。
精细动作	在大人的指导下，会一页一页翻书，会解开扣子。	能较熟练地使用筷子，会用橡皮泥捏简单的物品。	会画简单的图形和人物，能学习折纸。	握笔姿势正确，会用油画棒涂色，保持画面整洁。	能用丝带和珠子穿成链子。	学写自己的名字，能玩简单的拼图。
认知能力	能区分长短和大小，以及指认常见的颜色和图形。	有了性别意识，知道自己是男孩还是女孩。	逐渐掌握10以内数和数量的关系。	认识常见的物品和一些自然景观。	表现出强烈的探索欲和求知欲，爱提问。	计算能力提高，会心算10以内加减法。
语言能力	能说出包含主、谓、宾的完整句子。	表达能力快速增强，有自言自语的现象，会编故事。	能简单地复述听过的故事，可以背诵儿歌和唐诗。	学会使用代词，如"我""你""我的"，能猜简单的谜语。	会玩连字游戏，如大人说"好"字，可以联想到"好孩子""你好"。	会唱简短的儿歌，学说简单的英文单词。
情绪与社交	不高兴时，在大人的安抚与指示下可以控制情绪。	逐渐学会在日常行为中养成好习惯，好胜心增强。	能做简单的自我介绍，能说出父母的姓名和家庭住址。	可以适应与父母短期分离，不感到焦虑。	在幼儿园愿意帮助老师和小朋友。	能发现小朋友和自己身上的优缺点，开始选择朋友。
生活自理能力	能自己穿鞋，但是不能分清左右脚。	在父母的指示下，能帮着做简单的家务。	能独立大小便（用纸需要帮助），学会刷牙。	学会清洗和晾晒袜子，尝试打扫和整理自己的房间。	完全可以自己穿衣、吃饭和大小便。	自信心增强，对很多事情都喜欢说"我自己来"。

本表格参照相关资料编写，反映了儿童不同阶段智能发展水平，仅供参考。

MONTESSORI
蒙特梭利
记忆力 训练

目录

小兔的玩具 …………… 1

动物运动会 …………… 3

谁的脚印 …………… 5

小熊过生日 …………… 6

野餐 …………… 10

甜甜的味道 …………… 15

水果多又多 …………… 17

蔬菜歌 …………… 19

跑步比赛 …………… 20

弯弯的月亮 …………… 22

有趣的树叶 …………… 24

小猪搬西瓜 …………… 27

小猴怎么了 …………… 28

动物餐厅 …………… 31

糖不见了 …………… 33

雪人去哪儿了 …………… 34

请你说出来 …………… 37

宝宝的小商店 …………… 38

对不起　没关系 …………… 40

我的铅笔去哪儿啦 …………… 44

打喷嚏 …………… 49

满头大汗的小猴 …………… 51

MONTESSORI

教育不是为上学做准备，而是为未来生活做准备

冷水和热水 …………… 52

看图识天气 …………… 54

坐公交车 …………… 56

美丽的河边 …………… 58

小松鼠过生日 …………… 60

热闹的教室 …………… 63

一起玩游戏 …………… 64

圆圈是什么 …………… 67

小熊的杯子 …………… 68

可爱的小胖猪 …………… 71

介绍我自己 …………… 73

你来说　我来画 …………… 74

交替双脚下楼梯 …………… 76

哪些物品能吃 …………… 79

衣服分类 …………… 80

夏天的画 …………… 83

小猪的鼻子 …………… 84

小白兔过生日 …………… 87

小兔的玩具
xiǎo tù de wán jù

小兔有很多玩具，宝宝，看图片，
说一说小兔都有什么玩具。

小提示：先让宝宝看着图片指认，再合上书本引导宝宝回忆。

1

小提示：让宝宝边回忆
画面边回答问题。

2

dòng wù yùn dòng huì
动 物 运 动 会

sēn lín li jǔ xíng yùn dòng huì hěn duō xiǎo dòng wù
森林里举行运动会，很多小动物

dōu lái cān jiā le bǎo bao tú zhōng yī gòng yǒu jǐ gè
都来参加了。宝宝，图中一共有几个

xiǎo dòng wù cān jiā bǐ sài fēn bié shì shéi ne
小动物参加比赛？分别是谁呢？

谁的脚印
shéi de jiǎo yìn

xiǎo dòng wù men qù shā tān wán　　bǎo bao
小动物们去沙滩玩。宝宝，

kuài lái rèn yi rèn　　zhè xiē jiǎo yìn dōu shì shéi de
快来认一认，这些脚印都是谁的？

小提示：可以先让宝宝说说小动物们的脚都有什么特点，再来指认脚印。

5

小熊过生日

jīn tiān shì xiǎo xióng de shēng rì　hǎo duō péng you dōu lái cān jiā
今天是小熊的生日，好多朋友都来参加

shēng rì huì
生日会。

小提示：让宝宝看着画面说一说，小熊都有
哪些朋友。眼和口结合，可以强化记忆。

6

可是，吃蛋糕的时候，小熊发现有一位朋友不见了。宝宝，你知道谁不见了吗？

小提示：试着先让宝宝脱离书本回忆上一页的画面，复述小熊有哪些朋友。

野餐
yě cān

小提示：让宝宝将食物一一指认出来。

小猴和小兔要去公园野餐。宝宝，看看它们准备了什么好吃的。
xiǎo hóu hé xiǎo tù yào qù gōng yuán yě cān bǎo bao kàn kan tā men zhǔn bèi le shén me hǎo chī de

dào le gōng yuán xiǎo tù fā xiàn yǒu dōng xi wàng dài le
到了公园，小兔发现有东西忘带了。

bǎo bao xiǎng yi xiǎng tā men wàng dài le nǎ jǐ yàng shí wù
宝宝，想一想，它们忘带了哪几样食物？

小提示：试着先让宝宝说出上一页图片有哪些食物。如果有难度，家长要进行鼓励和引导。

甜甜的味道

tián tián de wèi dào

xiǎo tù cháng dào le tián tián de wèi dào bǎo bao xiǎng yi xiǎng
小兔尝到了甜甜的味道。宝宝，想一想，

xiǎo tù dào dǐ chī le tú zhōng nǎ zhǒng shí wù ne
小兔到底吃了图中哪种食物呢？

小提示：味觉训练会使宝宝更乐于接受各种食物。

水果多又多

shuǐ guǒ duō yòu duō

píng guǒ shí liu hóng tóng tóng　jú zi xiāng jiāo huáng dēng dēng
苹果石榴红彤彤，橘子香蕉黄澄澄。

shuǐ guǒ shuǐ guǒ yán sè duō　bǎo bao zuì ài chī shuǐ guǒ
水果水果颜色多，宝宝最爱吃水果。

tù mā ma mǎi le hěn duō de shuǐ guǒ　bǎo bao　nǐ rèn shi
兔妈妈买了很多的水果，宝宝，你认识

zhè xiē shuǐ guǒ ma　nǐ píng cháng ài chī zhè xiē shuǐ guǒ ma
这些水果吗？你平常爱吃这些水果吗？

小提示：说一说各种水果的颜色和形状，
增强宝宝的认知能力和记忆能力。

17

蔬菜歌
shū cài gē

番茄红红圆脑袋，
fān qié hóng hóng yuán nǎo dai

黄瓜长得细又长，
huáng guā zhǎng de xì yòu cháng

茄子穿着紫衣裳。
qié zi chuān zhe zǐ yī shang

各种蔬菜营养多，
gè zhǒng shū cài yíng yǎng duō

宝宝常吃身体棒。
bǎo bao cháng chī shēn tǐ bàng

宝宝，你认识这些蔬菜吗？
bǎo bao nǐ rèn shi zhè xiē shū cài ma

小提示：宝宝对蔬菜了解得越多就越能形成好感，有助于克服偏食。

19

跑步比赛

跑步比赛开始啦！

小白兔蹦蹦蹦，

小乌龟爬爬爬，

小花蛇扭扭扭。

宝宝，还有什么动物参加了

跑步比赛？请你学一学吧！

20

小提示：家长可以和宝宝一起扮演动物，增强宝宝的兴趣，加深宝宝对动物的认识。

弯弯的月亮
wān wān de yuè liang

月儿弯，月儿圆，
yuè er wān yuè er yuán

美丽月亮挂天边。
měi lì yuè liang guà tiān biān

天上的月亮真美丽，宝宝，
tiān shàng de yuè liang zhēn měi lì bǎo bao

想一想，美丽的月亮像什么？
xiǎng yi xiǎng měi lì de yuè liang xiàng shén me

小提示：家长可以在周围放置形状像月亮的物品，鼓励宝宝说出更多的答案。

22

23

有趣的树叶

<small>yǒu qù de shù yè</small>

<small>xiǎo zhū jiǎn le yī xiē shù yè huí jiā bǎo bao</small>
小猪捡了一些树叶回家。宝宝，

<small>kàn yi kàn zhè xiē shù yè xiàng shén me ne</small>
看一看，这些树叶像什么呢？

小提示:宝宝的答案不合理时，家长不要否定，应该问问宝宝为什么会想到这个答案。

xiǎo zhū bān xī guā
小猪搬西瓜

小提示:宝宝想不出时,家长可以随意滚动小皮球进行引导。

xiǎo huā zhū zhēn qín láo páo gè dà kēng zhòng xī guā
小花猪,真勤劳,刨个大坑种西瓜,

lǜ lǜ xī guā yuán yòu dà xiǎo zhū bào guā xiào hā hā
绿绿西瓜圆又大,小猪抱瓜笑哈哈。

xiǎo zhū de xī guā zhēn chén a tā bān bu dòng la bǎo bao
小猪的西瓜真沉啊,它搬不动啦!宝宝,

kuài bāng xiǎo zhū xiǎng yi xiǎng zěn yàng cái néng bǎ xī guā yùn huí jiā
快帮小猪想一想怎样才能把西瓜运回家。

小猴怎么了

xiǎo hóu zěn me le

小猴全身湿透地回家了。宝宝，
想一想，它可能遇到什么事情了？

小提示：可以鼓励宝宝根据
以往的经验来回答。

动物餐厅

小动物们去餐厅吃饭，可是服务员把菜上错了。宝宝，请你赶快帮它们换一换食物吧！

小提示:培养宝宝的联想记忆。联想是记忆的一种有效方法,比如我们一说到兔子就会联想到胡萝卜。

糖不见了

小猴把白糖放进水里,结果糖不见了。宝宝,你知道这是为什么吗?

小提示:家长可以把糖放进水里示范给宝宝看,让宝宝认识溶解现象,培养宝宝的生活常识。

雪人去哪儿了
xuě rén qù nǎ er le

小猫堆了一个雪人。
xiǎo māo duī le yī gè xuě rén

第二天，太阳公公出来了，
dì èr tiān tài yáng gōng gong chū lái le

小猫发现雪人不见了。宝
xiǎo māo fā xiàn xuě rén bù jiàn le bǎo

宝，你知道是怎么回事吗？
bao nǐ zhī dào shì zěn me huí shì ma

小提示：问问宝宝雪人变成
什么了,让宝宝认识融化现象。

35

小提示：宝宝已经懂得用动作来表达自己的需求，比如想喝水时会用手指杯子，但就是不会说出来。家长可以采取"延迟满足"的方法，试着问："宝宝要玩具还是要水啊？"

请你说出来
qǐng nǐ shuō chū lái

排排坐，分果果，
pái pái zuò fēn guǒ guo

紫葡萄，黄菠萝，
zǐ pú tao huáng bō luó

想要哪一个，请你说出来。
xiǎng yào nǎ yī gè qǐng nǐ shuō chū lái

适当地给宝宝念一些儿歌，让宝宝
shì dàng de gěi bǎo bao niàn yī xiē ér gē ràng bǎo bao

学会说简单的词组。
xué huì shuō jiǎn dān de cí zǔ

宝宝的小商店

将一些小物件整齐地摆在桌子上，准备一些卡片做纸币，和宝宝一起玩购物的游戏。先由妈妈当顾客，宝宝当售货员，之后再互换角色。

小提示：游戏中要多设置问题，引导宝宝多说话。例如，妈妈问："商店里有些什么啊？"

㊴

对不起 没关系
duì bu qǐ　méi guān xi

小猴骑车去上学，
xiǎo hóu qí chē qù shàng xué

不小心撞到了小熊。
bù xiǎo xīn zhuàng dào le xiǎo xióng

小提示:妈妈问问宝宝,
小猴应该怎么办?

40

xiǎo hóu lián máng xià chē fú qǐ xiǎo xióng
小猴连忙下车扶起小熊，

shuō duì bu qǐ wǒ bù shì gù yì de
说："对不起，我不是故意的。"

xiǎo xióng pāi pai shēn shang de huī xiào zhe shuō méi guān xi
小熊拍拍身上的灰，笑着说："没关系！"

shān yáng yé ye kàn dào le gāo xìng de mō zhe hú zi
山羊爷爷看到了，高兴地摸着胡子

shuō zhēn shì liǎng gè jiǎng wén míng dǒng lǐ mào de hǎo hái zi
说："真是两个讲文明、懂礼貌的好孩子！"

小提示：宝宝和小朋友相处时，会说
"对不起"和"没关系"吗？家长要对宝宝正
确的行为及时表示肯定。

43

我的铅笔去哪儿啦
wǒ de qiān bǐ qù nǎ er la

小白兔找不到自己的铅笔了，
xiǎo bái tù zhǎo bu dào zì jǐ de qiān bǐ le

真着急啊！
zhēn zháo jí a

小提示：遇到类似问题时，家长要让宝宝先冷静，鼓励宝宝好好回忆一下，自己把东西放在哪里了。

小白兔去找小狐狸："小狐狸，你看到我的铅笔了吗？"

小狐狸笑着摇摇头，走了。

小白兔又去问小花猫："小花猫，你看到我的铅笔了吗？"

小花猫忍住笑，说："你照照镜子就知道啦！"

46

xiǎo bái tù pǎo dào jìng zi qián yī qiáo　yā　qiān bǐ
小白兔跑到镜子前一瞧，呀，铅笔
jiù zài zì jǐ shǒu li a　huí xiǎng qǐ gāng cái nào de xiào
就在自己手里啊！回想起刚才闹的笑
huà　xiǎo bái tù de liǎn hóng le　xīn xiǎng　yǐ hòu kě bù
话，小白兔的脸红了，心想："以后可不
néng zhè me cū xīn la
能这么粗心啦！"

小提示：家长可以从小培养宝宝
养成独立管理私人物品的好习惯。

47

小提示：家长可以鼓励宝宝回忆生活，并感知环境对人体的影响。

打 喷 嚏

"阿嚏"，小猪打了一个大大的喷嚏。

宝宝，看图想一想，小猪为什么会打喷嚏？

49

小提示：家长可以引导宝宝懂得在生活中表达自己的感受和独立处理简单的事情。

满头大汗的小猴

宝宝，小猴为什么满头大汗？
你在热的时候会怎么做呢？

lěng shuǐ hé rè shuǐ
冷水和热水

xiǎo xióng hé xiǎo gǒu dōu ná zhe yī bēi shuǐ bǎo bao
小熊和小狗都拿着一杯水，宝宝，

xiǎng yi xiǎng nǎ bēi shì lěng shuǐ nǎ bēi shì rè shuǐ
想一想，哪杯是冷水，哪杯是热水？

小提示：看宝宝是否注意到了生活中的一些现象。

kàn tú shí tiān qì
看图识天气

dà qíng tiān tài yáng xiào   xià yǔ tiān sǎn dǎ hǎo
大晴天，太阳笑。下雨天，伞打好。

bǎo bao gēn jù xià miàn sì fú
宝宝，根据下面四幅

tú lái rèn shi yī xià tiān qì ba
图，来认识一下天气吧！

54

小提示：家长可以和宝宝一起看天气预报，让其记住一些温度、湿度等专业词，还可以记住一些地名；多带宝宝到户外走动，让他亲身感受天气。

zuò gōng jiāo chē

坐公交车

bǎo bao guān chá zuǒ yòu liǎng fú tú shuō yi shuō
宝宝，观察左右两幅图，说一说，

gōng jiāo chē dào zhàn hòu shéi xià le chē
公交车到站后，谁下了车？

小提示：3岁宝宝的记忆力很好，
这一阶段可以提高训练要求。

56

měi lì de hé biān
美丽的河边

河边的景物真美啊！宝宝，请用一分钟的时间记住这些景物，然后合上书，说一说河边都有哪些景物。

小提示：家长要适当进行鼓励和赞扬，让宝宝对自己有信心。

58

xiǎo sōng shǔ guò shēng rì   yāo qǐng dà jiā qù zuò kè
小松鼠过生日,邀请大家去做客。

bǎo bao   qǐng guān chá shàng xià liǎng fú tú   shuō yi shuō   xiǎo sōng
宝宝,请观察上下两幅图,说一说,小松

shǔ de jiā yǒu shén me gǎi biàn
鼠的家有什么改变?

小提示:家长在生活中也可以对家里的摆设进行一些变化,让宝宝说说有什么不同。

热闹的教室
rè nao de jiào shì

教室里真热闹啊！宝宝，
jiào shì li zhēn rè nao a bǎo bao

仔细观察图片，然后合上书，
zǐ xì guān chá tú piàn rán hòu hé shàng shū

想一想，哪些小动物坐在第
xiǎng yi xiǎng nǎ xiē xiǎo dòng wù zuò zài dì

一排？
yī pái

小提示：逐渐让宝宝
回忆起整幅图片的内容。

63

一起玩游戏

宝宝，我们来玩一个游戏吧！
请你闭上眼睛，说一说你现在穿的
衣服和鞋子是什么颜色。

小提示：宝宝学会关注自己后，对周围事物的兴趣也会逐渐增长。

圆圈是什么
yuán quān shì shén me

小猪说圆圈是太阳，小猴说圆圈
xiǎo zhū shuō yuán quān shì tài yáng　　xiǎo hóu shuō yuán quān

是鸡蛋。宝宝，你觉得圆圈是什么？
shì jī dàn　　bǎo bao　nǐ jué de yuán quān shì shén me

小提示：鼓励宝宝说出多种答案。

小熊的杯子
xiǎo xióng de bēi zi

宝宝,看图片,说一说小熊除了用
bǎo bao kàn tú piàn shuō yi shuō xiǎo xióng chú le yòng

杯子喝水之外,还用杯子干什么了。你
bēi zi hē shuǐ zhī wài hái yòng bēi zi gàn shén me le nǐ

还能想到杯子的其他用途吗?
hái néng xiǎng dào bēi zi de qí tā yòng tú ma

小提示:培养宝宝的
发散思维。

小提示:培养宝宝
的逻辑思维能力。

可爱的小胖猪

小胖猪，真可爱，眼睛黑黑亮晶晶，鼻孔圆圆真干净。

宝宝，你知道小胖猪是怎么长大的吗？请为小胖猪的成长过程排个顺序吧！

小提示：让宝宝学会说自己的名字，知道自己的年龄和性别。可以让宝宝和玩具做游戏的时候介绍自己，也可以带他到公园认识同龄的小朋友。

介绍我自己

我是兔乖乖，刚刚两岁半，

爱穿裙子爱跳舞，是个快乐的女孩。

我是熊贝贝，刚刚满三岁，

爱吃水果爱跑步，是个健康的男孩。

宝宝，你也来介绍一下自己吧！

你来说 我来画
nǐ lái shuō wǒ lái huà

蝴蝶花丛飞，小鸟树上叫，
hú dié huā cóng fēi xiǎo niǎo shù shang jiào

蚯蚓土里钻，鱼儿水中游。
qiū yǐn tǔ li zuān yú er shuǐ zhōng yóu

将儿歌用简单的画面表现出来，
jiāng ér gē yòng jiǎn dān de huà miàn biǎo xiàn chū lái

鼓励宝宝清楚完整地表达。
gǔ lì bǎo bao qīng chu wán zhěng de biǎo dá

75

交替双脚下楼梯

下楼梯对宝宝来说稍难一些，特别是交替双脚下楼梯需要宝宝有一定的胆量。家长要在一旁做好保护，当宝宝独立完成动作时，要及时给予赞扬。

小提示:训练身体的协调能力,提高宝宝的胆量。注意不能让宝宝单独靠近楼梯,以防意外发生。

nǎ xiē wù pǐn néng chī
哪些物品能吃

xià miàn de zhè xiē wù pǐn nǎ xiē shì néng chī de
下面的这些物品哪些是能吃的，

nǎ xiē shì bù néng chī de qǐng nǐ zhǐ yi zhǐ shuō yi shuō
哪些是不能吃的？请你指一指、说一说。

小提示：训练宝宝的观察能力和生活实践能力，使其基础知识更扎实。

79

衣服分类

小提示：爸爸、妈妈和宝宝，每个人装衣服的篮子都不一样，宝宝赶快动手连一连吧！

宝宝，你知道图中的衣服都是谁的吗？请把这些衣服和相应的篮子连一连吧！

小提示:让宝宝找出描绘夏天的画,并请宝宝说一说夏天有什么特点。

夏天的画

xià tiān de huà

老师请小朋友画一幅夏天的画，下面哪个小朋友画对了就给哪个小朋友一个笑脸吧！

xiǎo zhū de bí zi
小猪的鼻子

xiǎo zhū zǒu lù shí   zǒng shì dī zhe tóu   yīn wèi tā
小猪走路时，总是低着头，因为它
jué de zì jǐ de bí zi zhǎng de nán kàn jí le
觉得自己的鼻子长得难看极了。

小提示：宝宝对自己的认识主要来自周围人的评价，
所以家长要适当给予宝宝赞美和鼓励。

zhū mā ma zhī dào le　　duì tā shuō　　yuán yuán de
猪妈妈知道了，对它说："圆圆的

bí zi duō kě ài　　gān gān jìng jìng zuì piào liang
鼻子多可爱，干干净净最漂亮。"

xiǎo zhū tīng le　　zài yě bù xián zì jǐ de bí zi
小猪听了，再也不嫌自己的鼻子

chǒu le
丑了。

cóng cǐ　　tā chéng le yī zhī zì
从此，它成了一只自

xìn de xiǎo zhū　měi tiān zǒu lù de shí
信的小猪，每天走路的时

hou dōu bǎ tóu áng de gāo gāo de
候都把头昂得高高的。

小提示：家长要从宝宝的幼儿期开始，引导其树立
正确的价值观，让宝宝认识到自己的优点，培养自信心。

小白兔过生日
xiǎo bái tù guò shēng rì

今天是小白兔的生日，
jīn tiān shì xiǎo bái tù de shēng rì

大家都来它家做客。
dà jiā dōu lái tā jiā zuò kè

小提示：家长可以问问宝宝，他过生日的
时候有谁来过，或者他希望谁能来。

87

xiǎo hóu sòng gěi xiǎo bái tù yī tiáo huā qún zi
小猴送给小白兔一条花裙子。

xiǎo zhū sòng gěi xiǎo bái tù yī dǐng hóng mào zi
小猪送给小白兔一顶红帽子。

xiǎo māo sòng gěi xiǎo bái tù yī lán dà luó bo
小猫送给小白兔一篮大萝卜。

小提示:让宝宝说一说,为什么小白兔可以收到这么多礼物?

dà jiā yī qǐ gāo gāo xìng xìng de chī dàn gāo yǒu zhè

大家一起高高兴兴地吃蛋糕。有这

me duō de hǎo péng yǒu xiǎo bái tù jué de zhēn xìng fú a

么多的好朋友，小白兔觉得真幸福啊！

小提示：宝宝在与同龄人的交往中学会自我控制、
自我了解和适应他人、适应社会，有利于情商发展。

MONTESSORI
蒙特梭利

记忆力 训练   编后语

　　玛利亚·蒙特梭利博士是教育史上一位杰出的幼儿教育思想家和改革家、意大利历史上第一位学医的女性和第一位女医学博士。

　　蒙特梭利是20世纪享誉全球的幼儿教育家，她所创立的独特的幼儿教育法，风靡了整个西方世界，深刻地影响着世界各国，特别是欧美先进国家的教育水平和社会发展。

　　本套"蒙特梭利记忆力训练"系列绘本以蒙特梭利的"蒙氏教育理念"和美国心理学家加德纳的"多元智能理论"为指导，针对0～4岁宝宝的生长发育特点，由早教专家团队精心设计了多项促进宝宝智商和情商平衡发展的功能性小游戏，为家长与宝宝提供科学的早期教育方案，让宝宝在不知不觉中得到各方面能力的提升。

　　每一个孩子都有独特的才能，衷心地祝愿您的宝宝成为未来世界的领跑者！